Début d'une série de documents en couleur

LES NOUVEAUX
TYPES MONÉTAIRES
DE LA FRANCE

RAPPROCHÉS, POUR L'UN D'EUX, DES MONNAIES GAULOISES

PAR

Th. DUCROCQ

Professeur honoraire à la Faculté de Droit de l'Université de Paris
Doyen honoraire de la Faculté de l'Université de Poitiers
Correspondant de l'Institut
Membre du Comité des travaux historiques et scientifiques

POITIERS
BLAIS ET ROY
IMPRIMEURS DE LA SOCIÉTÉ DES ANTIQUAIRES DE L'OUEST
7, Rue Victor-Hugo, 7

OUVRAGES DU MÊME AUTEUR :

Cours de Droit Administratif et de législation française des Finances, avec introduction de Droit Constitutionnel et les Principes du Droit public.

SEPTIÈME ÉDITION EN SIX VOLUMES

Tome I. — Préface (De l'absence de codification du Droit administratif, ses causes historiques disparues, et ses conséquences). — *Introduction de Droit Constitutionnel.* — **Organisation administrative.** 1 vol...................... 8 fr.

Tome II. — **Tribunaux administratifs.** — 1 vol........... 8 fr.

Tome III. — **Principes de Droit public français** mis en œuvre par les lois administratives. — 1 vol.......... 10 fr.

Tome IV. — **L'État.** — **Personnalité civile et Domaine.** — 1 vol................................ 8 fr.

Tome V. — **L'État.** — **Dette publique et impôts.** — (*sous presse*).

Tome VI. — **Établissements publics, Établissements d'utilité publique, et autres personnes civiles.** — **Appendices et Tables générales.** — (*sous presse*).

Traités des Edifices publics d'après la législation civile, administrative et criminelle; **des Ventes domaniales** avant et depuis la loi du 1er juin 1864 qui règle l'aliénation des biens du domaine de l'État; **des Partages de biens communaux et sectionnaires**; 1 volume in-8°, avec tables générales et l'éloge de Foucart; 1865.

Théorie des fautes dans les contrats, quasi-contrats, délits et quasi-délits; 1 volume in-8°; 1854.

Des Églises et autres édifices du culte; 1866.

Études sur la Loi municipale du 5 avril 1884. 1 vol. in-8°; 1886.

Études de Droit public; 1 volume in-8°; 1887.

Études d'Histoire financière et monétaire; 1 volume in-8°; 1887.

La Loi du 30 mars 1887 et les Décrets du 3 janvier 1889 sur la conservation des monuments et objets mobiliers présentant un intérêt national au point de vue de l'histoire ou de l'art 1889.

La Personnalité civile en France du Saint-Siège et des autres puissances étrangères; 1894.

François Meinard, frison, successivement professeur d'humanités à Angers et Professeur de Droit à l'Université de Poitiers, ses relations jansénistes, et ses publications, de 1600 à 1623; 1892.

Les Procureurs syndics de 1790 et les Commissaires du Directoire exécutif de l'an III à l'an VIII, avec l'histoire de l'institution dans le département de la Vienne; 1892.

Les Souvenirs du premier président Thibaudeau sur la Révolution, principalement dans le département de la Vienne; 1 vol. grand in-8° avec 3 planches et une Introduction; 1895.

Poitiers. — Imprimerie Blais et Roy, 7, rue Victor-Hugo.

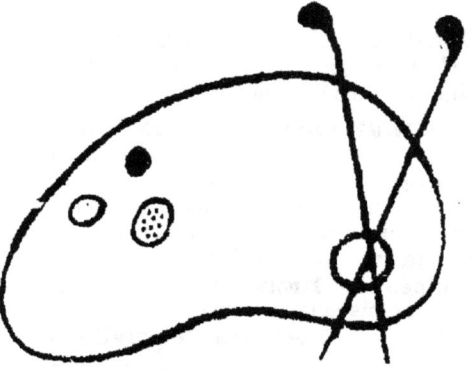

Fin d'une série de documents en couleur

*À Mr Léopold Delisle
de l'Institut
Administrateur de la
Bibliothèque nationale
Respectueux hommage
Ch. Ducrocq*

LES NOUVEAUX TYPES MONÉTAIRES
DE LA FRANCE

RAPPROCHÉS, POUR L'UN D'EUX, DES MONNAIES GAULOISES

LES NOUVEAUX TYPES MONÉTAIRES

DE LA FRANCE

RAPPROCHÉS, POUR L'UN D'EUX, DES MONNAIES GAULOISES

Mémoire lu à la séance publique de la Société des Antiquaires de l'Ouest, à Poitiers, le 14 janvier 1900

Il a été fabriqué depuis un siècle, en monnaies françaises d'or, d'argent et de bronze, au régime décimal, la somme énorme de 14 milliards 300 millions de francs. D'après des évaluations autorisées, il n'en subsisterait guère plus d'un tiers.

Si résistant que leur métal puisse être, moins par lui-même que par de savants alliages, toujours en progrès, les monnaies s'usent comme toutes choses en ce monde. Lorsqu'elles tombent au-dessous de la tolérance du frai (1), nos sages lois monétaires ordonnent leur retrait.

Les monnaies ne s'usent pas seulement. Les démonétisations les détruisent. Elles se perdent aussi.

En outre, notre monnaie d'or, lorsqu'elle va, au delà de nos frontières, solder nos échanges, n'en revient pas toujours.

Elle n'en revient même jamais, si elle traverse l'Océan, pour les besoins de nos relations commerciales avec les marchés des États-Unis, spécialement lorsque l'insuffisance de nos récoltes nous contraint de recourir aux leurs. Une loi jalouse ordonne la fonte de

---

(1) 5 millièmes du poids minimum pour les pièces d'or, et 50 millièmes pour les pièces divisionnaires d'argent.

toute monnaie d'or étrangère pénétrant sur le territoire de la grande République américaine.

Malgré le développement des instruments de crédit et des divers substituts de la monnaie, il faut donc qu'un pays frappe toujours des espèces métalliques. Il y est contraint pour réparer ses pertes et satisfaire aux exigences de la circulation intérieure et de la circulation internationale.

Si pendant certaines périodes le pays s'est attardé dans l'accomplissement de cette tâche, il arrive un moment où il doit faire un puissant effort, pour mettre son stock métallique à la hauteur des demandes du commerce, de l'industrie, de l'agriculture, et des consommations de chaque jour.

Telle est la raison d'être de l'activité des fabrications monétaires de la France pendant ces dernières années.

Deux circonstances les caractérisent, en dehors même de l'adoption des nouveaux types dont je dois vous entretenir.

L'une d'elles est l'interdiction légale, depuis 1878, de frapper de nouvelles pièces d'argent de 5 fr., et l'immobilisation d'une très grande partie de celles existantes dans les caves de la Banque de France. Bien que ces pièces aient encore le cours forcé illimité, dernier vestige du système suranné du double étalon monétaire, on sait bien que leur valeur intrinsèque est inférieure à 2 fr. 50 cent. Dans cette dernière moitié du XIXe siècle, la baisse du métal argent a été en effet toujours croissante, et sa dépréciation depuis cinq ans oscille entre 50 et 60 p. 100.

La seconde circonstance annoncée se rattache à la précédente.

Une nouvelle Convention monétaire, intervenue le 29 octobre 1897 entre la France, la Belgique, la Suisse, l'Italie et la Grèce, a augmenté, de 130 millions de francs, le contingent de 264 millions alloué à la France pour ses monnaies divisionnaires d'argent. En outre, l'article 2 de cette Convention a stipulé que les États de l'Union devaient demander le métal de ces frappes nouvelles à la refonte d'anciens écus de 5 fr.

Cette disposition, ratifiée par la loi du 28 décembre 1898, est la première qui ordonne la démonétisation d'une partie non usée de nos écus de 5 francs. Elle est bien digne de remarque, surtout si l'on considère qu'elle émane d'hommes d'État, contraints par la puissance des faits, d'accomplir eux-mêmes, malgré leur sympathie pour le double étalon, une mesure qui accélère son abandon définitif.

Au milieu de toutes ces circonstances qui obligeaient la France à donner un développement considérable à ses fabrications monétaires, et à la veille de l'Exposition Universelle, la question s'est naturellement posée de savoir, si cette masse de monnaies serait frappée aux anciens types, ou si l'on profiterait de l'occasion pour leur substituer des effigies nouvelles.

Vous savez que c'est dans ce dernier sens que la question a été résolue, sans distinction, pour toutes nos monnaies, d'or, d'argent, et de bronze.

Cette réforme générale des types monétaires d'un grand et riche pays est toujours une opération, non seulement importante et grave, mais aussi fort délicate.

Dans un État monarchique, la solution est moins embarrassante. Pour le droit de chaque pièce de monnaie, l'effigie impériale ou royale vient trancher la difficulté. Si la tête est belle, ou se prête aisément à l'effort de l'artiste pour l'idéaliser, la monnaie peut être admirable ; et la France en possède encore.

Dans un État républicain, la question ne peut être aussi facilement résolue. Il ne s'agit plus en effet d'un portrait à placer sur les monnaies, d'un être effectif et réel à représenter, mais d'une abstraction. Pour l'effigie, tout est alors dans l'idéal de la forme à choisir. Le rôle du graveur s'élève et grandit, même si la puissance publique lui impose un programme. A plus forte raison s'il est vrai, comme on l'affirme relativement à nos nouveaux types monétaires, que l'État ait laissé aux artistes une entière liberté.

Cependant la responsabilité du graveur n'est pas seule engagée pour cela. Chaque nouveau type monétaire a été en effet approuvé par un décret spécial.

Ce n'est pas seulement une question d'art qui est en jeu. Il faut aussi, dans tout État, républicain ou monarchique, d'une part, que les types monétaires soient en harmonie avec les institutions, et, d'autre part, qu'ils n'aient pas la prétention d'imposer à la nation quelque emblème, que ne consacreraient ni son histoire, ni ses lois.

Le choix des graveurs n'est donc pas la seule chose à faire.

Il n'en a pas moins une importance capitale.

Depuis 1789, deux procédés différents ont été successivement employés dans notre pays.

L'un a été l'ouverture d'un concours entre tous les graveurs en monnaies et médailles. Il a été pratiqué en 1791, 1814, 1824, 1830, et 1848, avec des succès variés.

Au premier de ces concours, nous avons dû ce type remarquable du *Génie de la France* d'Augustin Dupré qui, à l'origine, n'était qu'un revers, et dont nous regrettons la suppression (1). Il n'avait été repris qu'un instant en 1848; mais depuis 1871 la troisième République, bien inspirée, le faisait frapper, au droit de ses pièces de 20 et de 100 francs, jusqu'au décret du 22 février 1899.

L'un des concours de 1848 a produit au contraire, sur nos pièces d'argent, la tête de République du graveur Oudiné, que remplace si heureusement aujourd'hui, sur nos pièces divisionnaires, la symbolique *Semeuse* de M. Roty. Un autre concours de 1848 avait donné à nos pièces d'or la tête de République, presque similaire,

---

(1) Un écrivain, cité plus loin (page 14 *in fine*), dans une série d'articles sur les questions monétaires, publiés de 1895 à 1899, dans *l'Economiste français* et *le Correspondant*, a affecté d'appeler dédaigneusement ce type « le *petit* Génie « d'Augustin Dupré ». Cette critique, appliquée à nos dernières pièces de 20 fr., est aussi juste que si l'on reprochait au nouveau type de nos monnaies d'argent, d'être « la *petite* Semeuse de M. Roty », parce que nos pièces divisionnaires sont d'un module plus ou moins restreint. Le *Génie* de Dupré est bel et bien un grand et magnifique *Génie* sur les pièces de 100 fr. d'or frappées de 1872 à 1899. Il était aussi un grand Génie sur les écus de 6 livres, formant la monnaie constitutionnelle de l'Assemblée constituante, avec décroissance du module sur les écus de 3 livres, les pièces de 30 sols et de 15 sols de cette époque, comme sur les pièces d'or de 24 livres.

Le même écrivain affecte également de mettre sur la même ligne que le *Génie de la France* de 1791, bien qu'il n'y ait aucun rapport entre ces types, les têtes de République de 1848 par Oudiné et par Merley, qui seules auraient dû être remplacées.

du graveur Merley, qui n'est pas plus digne de regrets, et n'avait été rééditée, depuis 1871, que sur nos pièces de 10 francs.

Aux autres périodes du xix⁰ siècle, le procédé, suivi pour le choix des graveurs, a été la désignation d'office par le Gouvernement. Ce fut aussi l'une des conséquences de l'institution du graveur général des monnaies, aujourd'hui supprimée. Elle ne tenait pas compte des exigences de l'émulation et de l'existence de talents de premier ordre, écartés parfois d'ailleurs du concours, par la réalité même de leur supériorité, lorsqu'on avait recours à ce procédé.

Quoi qu'il en soit des mérites respectifs des systèmes, en 1897, le Ministre des Finances et le Ministre des Beaux-Arts tombèrent d'accord pour charger directement, de la création et de l'exécution de nos nouveaux types monétaires, MM. Chaplain pour la monnaie d'or, Roty pour l'argent, et Daniel Dupuy pour le bronze. Il était impossible de chercher plus haut, parmi les médailleurs contemporains qui ont fait de ce grand art de la gravure en médailles, une des gloires de notre époque, comme de la Renaissance.

Une première observation, commune aux trois nouveaux types monétaires, concerne la coiffure de l'abstraction féminine qui s'y trouve placée. Les trois artistes ont mis la même coiffure, le bonnet de la liberté ou bonnet phrygien, sur les têtes de République par eux représentées. Cependant on affirme qu'ils avaient été laissés à leurs inspirations personnelles, et aucun d'eux n'a jamais passé pour révolutionnaire. Comment se sont-ils trouvés d'accord dans le choix de la coiffure, malgré les différences profondes du type féminin conçu par chacun d'eux ?

En effet la tête de République placée par M. Chaplain, au droit des nouvelles pièces d'or, a un air martial, contrastant avec la douce et séduisante physionomie de la tête, placée sur nos nouveaux sous par le regretté Daniel Dupuy, et non moins avec le pacifique symbole de la *Semeuse* de M. Roty sur nos pièces d'argent.

Cependant ils avaient tous, dans leur œuvre, d'autres modèles de coiffure. Spécialement M. Roty est l'auteur de cette belle République casquée, justement admirée sur la médaille coloniale de Madagascar. Il a pensé, sans doute, comme ses confrères, que le casque, pleinement justifié sur un insigne militaire, l'est moins au droit d'une monnaie moderne, malgré le précédent plein de charme de la brillante *Eridania* de l'an IX, aux boucles de cheveux qui flottent à la sortie du casque, avec cette légende « *l'Italie délivrée à Marengo* », et qui fut la première pièce de 20 francs (1).

La coiffure est une grande affaire, pour une tête de femme, sur les monnaies et médailles. En 1848, pour éviter ce bonnet phrygien, le graveur Oudiné a orné de fleurs et de fruits sa tête de République. On l'a prise pour celle de Cérès, et « d'une Cérès mal coiffée et mal portante ». Celle du graveur Merley sur les monnaies d'or n'a pas été plus appréciée, malgré une tentative d'emprunt aux monnaies grecques de Syracuse.

Que conclure de ces difficultés, de ces impossibilités, de ces échecs, et de cette rencontre aujourd'hui en un trait commun, malgré des différences de conception profondes, entre les trois artistes éminents chargés de la création de nos nouveaux types monétaires? Si ce n'est que cette coiffure se concilie plus aisément avec les exigences de l'art du médailleur appliqué aux types monétaires féminins.

N'y a-t-il pas là de quoi faire excuser quelque oubli historique et désarmer les oppositions les plus intransigeantes?

Nos critiques n'auront que plus de force, concentrées sur un autre point.

Dans un autre ordre de faits et d'idées, une seconde observation générale, commune aux nouvelles espèces d'or, d'argent, et de bronze, doit être ici placée. Parmi les reproches adressés aux types monétaires exécutés par leurs confrères de l'Académie des Beaux-Arts, de savants membres de l'Académie des Inscriptions et Belles-

---

(1) Les pièces françaises de 20 francs ne furent, en effet, frappées qu'en l'an XI.

Lettres ont insisté sur l'omission des *différents* ou marques monétaires.

Depuis bien des années les artistes en demandaient la suppression. Les archéologues en réclamaient le maintien. A ces signes vénérables, dont l'histoire compte tant de siècles d'existence, tout bon antiquaire doit un respectueux salut, et il n'est point de numismatiste, qui, pour connaitre les monnaies du passé, ne doive en chérir l'étude.

Nous ne croyons pas cependant qu'il faille critiquer cette suppression sur nos monnaies contemporaines.

Il ne suffit pas, a-t-on dit, ou à peu près, d'être artiste éminent pour composer une monnaie nationale irréprochable. Nous l'avons reconnu. Mais il ne suffit pas non plus d'être un archéologue de premier ordre, pour décider de tout ce qui importe à la fabrication des monnaies.

Nous ne parlons pas seulement de la part considérable qui revient à l'Académie des sciences et spécialement aux chimistes, qui ne reconnaissent pas dans les différents monétaires un obstacle appréciable à la fabrication de la fausse monnaie, ni de celle qui appartient aux économistes, et à leur section de l'Académie des sciences morales et politiques, qui a bien aussi la parole sur la question des monnaies, et qui ne s'est jamais sérieusement souciée des différents monétaires.

Les jurisconsultes, les légistes, les administrateurs ont aussi des observations à présenter. Chaque science en effet a sa part dans ce vaste sujet. Et ces derniers ont le droit de dire que des marques monétaires, qui ont eu leur raison d'être autrefois, et qui conservent pour les anciennes monnaies un intérêt majeur, n'en ont plus aucun aujourd'hui pour les monnaies nouvelles.

Deux faits, résultant de la loi du 31 juillet 1879, ont créé à cet égard, depuis 1880, une situation qui n'a rien de commun avec celle du passé. Ce sont l'unité d'atelier monétaire pour la France entière et la régie de l'Etat.

Ces deux faits rendent inutiles tous les différents monétaires.

Pourquoi dès lors continuer à en surcharger nos monnaies, au détriment de leur mérite artistique et de leur entière intelligence par les masses profondes de la nation?

A quoi bon maintenir sur nos monnaies la lettre monétaire A majuscule, que l'Ordonnance de François Ier du 14 janvier 1539 assignait à la Monnaie de Paris? Puisque celle-ci est désormais la seule existante en France, tandis que toutes les lettres de l'alphabet, et même des lettres doubles, désignaient autrefois autant d'ateliers monétaires distincts.

Il y avait aussi jadis le différent du directeur de la fabrication. C'était sa signature. Cet industriel, ce commerçant, installé, sous le contrôle de l'Etat, dans les ateliers monétaires, a disparu par la création de la Régie de l'Etat en 1880. Etait-il bien sérieux de substituer sur nos monnaies, comme marque de la Régie, une petite corne d'abondance, à la petite abeille de M. de Bussière, le dernier directeur de la fabrication?

Le troisième différent était celui du graveur général. La fonction n'existe plus. Il était l'entrepreneur de la fourniture de tous les coins monétaires. L'unité d'atelier et la régie de l'Etat ont également entraîné cette suppression. On avait substitué à ce différent, celui du graveur de la monnaie de Paris, bien que les attributions ne fussent plus les mêmes. A quoi bon encore?

Au lieu de ces hiéroglyphes, indéchiffrables pour la masse du public, ayant toujours un faux air des *points secrets* (1) antérieurs à l'Ordonance de François Ier, et tous désormais sans raison d'être, on a placé sur les nouvelles monnaies la signature des auteurs de chacun des trois types nouveaux. Vous lisez celle de M. Chaplain sur l'or, de M. Roty sur l'argent, de Daniel Dupuy sur le bronze.

Ce retour, sans autre comparaison, aux pratiques des monétaires

---

(1) Voir, sur les *points secrets*, les *différents* monétaires, et les *directeurs* de la fabrication, notre *Cours de droit administratif et de législation française des finances*, 7me édition, t. II, pages 575 et suivantes; et, sur les anciens maîtres des monnaies, nos *Etudes d'Histoire financière et monétaire*, pp. 142 et 189 et suivantes.

de l'époque mérovingienne, n'est pas fait pour déplaire aux numismatistes.

D'ailleurs cette suppression des anciens différents monétaires doit être hautement approuvée en elle-même, en dehors de tout rapprochement historique. Ils n'étaient plus en harmonie avec les faits, les lois, et les institutions monétaires de la France.

Avant elle, la Belgique, l'Angleterre, l'Allemagne, la Suisse, l'Italie en avaient fait autant.

Nous ne sommes donc point un adversaire systématique des nouveaux types monétaires. Nous les défendons tous au contraire contre ces reproches que leur ont adressés de très savants critiques.

Il y a plus. Certain type nouveau nous paraît un chef-d'œuvre, que le monnayage de la Grèce antique elle-même pourrait nous envier.

Nous ne nous lassons pas d'admirer, sous tous les rapports, non comme bijou, mais en tant que monnaie de la République française, à titre de monnaie nationale, la *Semeuse* de M. Roty, sur nos espèces d'argent, avec le rameau d'olivier de son revers.

Parue la première, sur les pièces de 50 centimes en décembre 1897 (et celles de cette date font prime), la *Semeuse* a subi les premières attaques. Elle n'en est pas moins devenue rapidement populaire, et nous sommes convaincu que son succès ne fera que s'affirmer davantage.

Elle le mérite. Ce n'est pas seulement parce qu'elle n'a rien de contraire ni aux données de l'histoire, ni aux principes en matière monétaire. C'est aussi parce que jamais l'image allégorique de la République, avec sa démarche rapide, élégante et fière, son allure laborieuse, d'un geste, qui unit la grâce à la vigueur, fécondant les sillons, aux rayons du soleil, apôtre des idées, n'a été rendue sous une forme artistique, à la fois aussi poétique et aussi heureuse au point de vue philosophique, moral, social et politique.

On nous affirme, et nous le croyons sans peine, que M. Roty est désolé que sa pièce de 5 francs ne puisse être également frappée.

Au point de vue de l'art, comme de la numismatique, lorsqu'un type monétaire a la haute valeur de celui de M. Roty, plus la pièce est grande, plus en ressort la beauté. Vous pouvez en juger en rapprochant ses pièces de 50 centimes, de 1 franc, et de 2 francs. Nous avons vu un spécimen (unique, nous a-t-on dit) de sa pièce de 5 francs, dans les vitrines du Musée de la Monnaie de Paris. Il a été reproduit par la gravure.

Il fait souhaiter vivement la démonétisation de nos vieux écus, pour que l'on puisse frapper la grande *Semeuse*, bornée, comme ses sœurs plus modestes, mais charmantes, les pièces divisionnaires, au rôle nécessaire de monnaies d'appoint.

Pour nous hâter d'avantage dans les limites d'une lecture et arriver à la partie critique de cette étude, qu'il nous soit permis de parler plus brièvement encore du type de Daniel Dupuy, ravi récemment, par une affreuse catastrophe, à l'art qu'il servait si bien, aux honneurs où l'attendaient ses deux confrères. Si le revers de ses monnaies de bronze est trop chargé, et demande des suppressions, combien la tête du droit est douce et fine, et supérieure de cent coudées aux têtes que portent nos anciennes pièces de 5 et de 10 centimes. Ses pièces de 1 et 2 centimes sont parfaites.

Au 1er juillet 1899, la Monnaie avait déjà frappé pour 81.259.756 francs de pièces de 20 francs d'or, de pièces divisionnaires d'argent, et de pièces de bronze, aux nouveaux types monétaires.

Nous trouvons ces chiffres, comme tous ceux déjà cités ici, dans un document officiel considérable, le rapport que l'éminent directeur de la Monnaie, M. de Foville (1), de l'Académie des sciences morales et politiques, adresse chaque année, depuis quatre ans, à M. le Ministre des Finances sur tout ce qui touche aux questions monétaires. Le quatrième de ces rapports, en date du 22 août 1899, vient d'être publié. Ils sont beaucoup plus que l'accomplissement du vœu émis par la Convention monétaire internationale de 1885 et

(1) Nommé conseiller-maître à la Cour des comptes depuis la présente lecture.

accepté par la France, de centraliser et de publier tous les documents monétaires. Ces savants rapports constatent et éclairent tous les faits relatifs à la production, au cours commercial, à l'emploi industriel ou monétaire des métaux précieux, à leur consommation, non seulement en France et dans les Etats de l'Union dite latine, mais dans le monde entier. On ne saurait exprimer trop de gratitude, pour les services rendus par de telles publications.

Les diverses frappes de nos monnaies aux nouveaux types se sont continuées pendant le second semestre de 1899, en y ajoutant la nouvelle pièce de 10 fr., dont la fabrication n'a été prescrite que par décret du 20 juillet 1899. Du 1er août au 1er novembre, 431,000 de ces dernières pièces étaient déjà frappées à la même date, et depuis le 22 février 1899, il avait été frappé 1,500,000 pièces de 20 francs.

Cette production intensive de tous les nouveaux types monétaires se poursuit sans relâche. Vous comprenez sans peine que, par suite de leur valeur si considérablement supérieure, les nouvelles pièces d'or, bien que les dernières sorties des presses de la Monnaie, prennent rapidement la première place dans la valeur des fabrications, si non dans le nombre des pièces fabriquées.

Cependant c'est sur celles-là, nos pièces d'or, formant notre principale monnaie, notre seule monnaie marchandise et internationale, que les critiques, prodiguées à tous les types nouveaux, auraient dû être concentrées, pour épargner à l'histoire monétaire de la France une erreur lamentable.

Le droit des pièces de M. Chaplain, représentant la tête de République dont nous avons déjà parlé, n'a pas été épargné. Ce n'est pas à ce point de vue que nous nous placerons.

Si, d'ailleurs, au lieu d'une figure allégorique à créer, l'éminent artiste avait eu à reproduire l'image d'un personnage, cette partie de son travail aurait, comme d'habitude, réuni tous les suffrages. Le portrait, la ressemblance absolue, la puissante concentration des traits du visage et des attitudes, la pensée intime saisie elle-même et traduite sur le métal, caractérisent au plus haut point l'ensemble de son œuvre artistique. Dans cette galerie de M. Chaplain, précieuse pour l'histoire comme pour l'art, comment ne pas citer les médailles qui représentent l'Empereur et l'Impératrice de Russie, le duc d'Aumale, les présidents de la République française (Maréchal de Mac-Mahon, Carnot, Casimir Perrier, Félix Faure), et Victor Hugo, Gambetta, Jules Ferry, Jules Simon, Barthélemy-St-Hilaire, et Meissonnier, Paul Baudry, Charles Garnier, Gounod, et tant d'autres célébrités.

Dans d'autres milieux, on a critiqué aussi le maintien, sur la tranche des pièces de 20 fr., de l'ancienne devise « *Dieu protège la France* », tandis que la tranche des pièces de 10 fr., plus mince, est simplement canelée. Nous n'avons pas besoin de vous dire que ce n'est pas cette devise, digne de tous respects, que nous reprochons au nouveau type de nos monnaies d'or.

C'est le revers de ces nouvelles pièces qui mérite et justifie toutes les critiques.

Il en serait ainsi, ce revers eût-il un succès artistique, énergiquement contesté. Un défenseur du type reproche en effet au coq de ce revers, « sa médiocrité artistique, l'insignifiance de sa silhouette, « et la banalité de son exécution (1) ».

Nous ne voulons voir, nous, que son principe.

Pourquoi cet oiseau, occupant tout le champ du revers des pièces de 20 fr. et de 10 fr., et bientôt, hélas ! de celles de 50 fr. et de 100 fr. ?

A cette question, dans une série d'articles différents publiés par deux importantes revues, et qui révèlent chez l'auteur, avec une haute science économique et financière, une connaissance approfondie de ce qui se passe à la Monnaie et même de ce qui s'y prépare, un publiciste a répondu, par deux fois, qu' « il y a plaisir à « voir le coq Gaulois jeter fièrement son cri dans les airs (2) ».

(1) *Journal des Débats* du 26 mars 1899.
(2) *L'Economiste français* du 10 avril 1897, article signé *H. Gournay*, com-

Nous ne pourrions nous associer à cette joie patriotique, que s'il était vrai que cet oiseau eût été l'emblème de nos pères.

Pour l'établir, cette phrase ne suffit pas. Cependant, sur ce point si grave, nous n'en trouvons pas d'autre. C'est trop peu.

En tant que preuve, ce n'est rien.

Le coq prétendu Gaulois est une invention prenant son origine dans un jeu de mots, une sorte de calembour, fait sur le mot latin *gallus* signifiant à la fois *coq* et *gaulois*. Une première fois, en 1830, l'invention a pris corps, sans atteindre nos monnaies. Cette fois elle s'implante sur les plus importantes d'entre elles, mais sans oser encore monter à la hampe du drapeau national.

Nous consulterons tout à l'heure le monnayage gaulois. Mais immédiatement nous voulons établir que jamais, avant le mois de février 1899, les monnaies de la France n'ont admis le coq prétendu gaulois.

Nous avons peine à croire qu'un artiste, si haut placé qu'il fût, ait pu prendre, à lui seul, la lourde responsabilité d'un telle initiative. Il dépendait d'ailleurs des décrets du 22 février 1899 et du 20 juillet suivant, de refuser l'approbation nécessaire.

Si la fantaisie de l'artiste lui avait fait mettre une fleur de Lys, à la place du Coq, cette approbation eût-elle été donnée? Non sans doute; parce que les Lys furent l'emblème de l'ancienne Monarchie et de la Restauration.

Si la même fantaisie l'avait porté à y placer un Aigle, le refus eût été le même, parce que l'Aigle fut le signe de l'Empire et qu'il reviendrait avec lui.

Pourquoi donc avoir admis le Coq? N'a-t-il pas été l'insigne de la Monarchie de Juillet? Y a-t-il le moindre doute que, si l'arrière-petit-fils du Roi Louis-Philippe arrivait au pouvoir, il le placerait, comme son aïeul, au cimier de nos drapeaux?

Alors, pourquoi la différence?

plétant un premier article, du même auteur et du même recueil, du 14 décembre 1895; et *le Correspondant*, n° du 25 janvier 1899, page 281, également signé, avec deux autres articles de la même année, *H. Gournay*.

La République n'a probablement pas voulu préparer dans ce sens l'esprit public.

Le point de vue politique n'est d'ailleurs pas de notre domaine et ce n'est pas le terrain sur lequel nous nous sommes placé. Nous restons avec fermeté sur celui de la numismatique et de l'histoire, mais sans admettre cette défaite « l'artiste l'a voulu », et sans pouvoir oublier les principes du droit.

Des écrivains, sans se faire illusion sur la valeur historique, pas plus qu'artistique, de l'emblème, ont cherché une excuse dans ce qu'ils ont appelé « la tradition ».

Nous nions la tradition.

Sans doute le jeu de mots date de loin, puisqu'il s'agit du mot latin *gallus*, et il n'est pas étonnant de le retrouver à la Renaissance au moment où les lettres sont remises en honneur. On cite même, dès 1585, un poème de Passerat en l'honneur du coq, versifiant cette fantaisie que « le nom des Gaulois venait du coq ».

Qu'il y ait eu d'autres manifestations de la même erreur, commises plus encore à l'étranger qu'en France, cela n'est pas douteux, et la question n'est pas là.

La tradition en pareille matière ne peut se fonder que sur des faits publics et généraux. Quels sont-ils ?

On voit un coq, dit-on, petit, il est vrai, au pied du *Génie* d'Augustin Dupré de 1791, repris sur les pièces de 20 fr. et de 100 fr., après 1871.

Cet accessoire de 1791 n'est pas le prétendu Coq gaulois. La preuve en est écrite dans le rapport présenté à l'Assemblée constituante par Belzais-Courmesnil, député de l'Orne, au nom du Comité des monnaies, constitué à l'état de Jury du concours, ouvert par la loi du 19 janvier 1791, pour le choix de nouveaux types monétaires. Ce comité s'était fait assister de quatre artistes, Pajou, David, Moëtte, et Goys. Le rapporteur constate « qu'après avoir fait choix du *Génie*
« *de la France*, d'Augustin Dupré, écrivant sur un autel, ils crurent,
« avec votre comité, que l'on pouvait ajouter à côté de l'autel un

« coq, symbole de la Vigilance, et un faisceau, emblème de l'Union
« et de la force armée ».

Donc les artistes adjoints au comité des monnaies de 1791, le
comité, et l'Assemblée constituante elle-même, en adoptant ces conclusions, n'ont nullement eu l'idée d'un emblème gaulois dans ce
petit coq de 1791, qui n'est pas en tout gros comme la tête du coq
de 1899. Il n'est qu'un accessoire dans le goût du temps, comme le
faisceau, et l'œil placé, dans le type primitif, au sommet du crayon
tenu par le Génie.

C'est un emprunt fait, non aux institutions des Gaulois, mais à
la mythologie des Grecs et des Romains faisant du coq, attribut de
Mercure, comme nous le dirons plus loin, « l'emblème de la Vigilance », suivant le langage du document officiel de 1791.

Un autre coq, plus petit encore, se trouve aussi sur certaines
monnaies du Consulat, de l'Empire, et de la Restauration. Ce n'est
pas plus le coq prétendu gaulois, que celui de 1791. C'est tout simplement le différent de M. de l'Espine (Charles-Pierre), directeur de
la fabrication à la Monnaie de Paris, de l'an V à 1820.

Aussi ce signe ne figure-t-il pas sur les monnaies fabriquées à la
même époque dans nos autres ateliers monétaires. Pourquoi de l'Espine avait-il fait choix de ce coq minuscule ? Par le même motif
que ses derniers successeurs à Paris, M. Dierickx (1855-1860), M. le
baron de Bussière (1861-1879), avaient choisi, l'un une proue, et
l'autre cette jolie petite abeille que, sans une loupe, on devine plus
qu'on ne la distingue. Ce motif, pour les uns et pour les autres,
n'était autre que leur bon plaisir. Ce serait donc une grave erreur
que de voir dans tout cela des emblèmes nationaux.

Pour établir la tradition, en dehors de nos monnaies, on cite
d'autres faits.

Le coq gaulois, dit-on, se voit partout en France, dans nos campagnes, au haut des clochers de nos églises ! A ce compte, on le verrait même hors de France, dans d'autres pays catholiques, qui
n'ont jamais fait partie de la Gaule. C'est le coq de la Passion, le
coq de saint Pierre, reniant trois fois le Christ avant le chant du

coq? A côté de lui, n'apercevez-vous pas souvent, sur ces girouettes de nos clochers, la lance et les autres instruments de la Passion du Rédempteur ?

A ces confusions accumulées, jointes au parti pris de trouver un emblème, pour un régime politique nouveau, qui ne pouvait prendre ni aigle, ni fleur de lys, le coq dit gaulois a dû, après la Révolution de 1830, l'honneur insigne, autant qu'injustifié, d'orner la garde des épées dans l'armée et de surmonter nos trois couleurs.

C'est à ce moment précis, sans tradition antérieure, sans aucun précédent dans la législation nationale, qu'il a été innové et inventé (1).

L'erreur ne fut pas étendue aux monnaies. Elle ne fut que passagère. On est surpris que la République, après un demi-siècle, se soit approprié l'erreur d'une Monarchie, en l'aggravant par la multiplication indéfinie qu'en font nos presses monétaires.

Ce nouveau type, sans justification et sans excuse, au point de vue de la tradition et des précédents monétaires, est en outre condamné par l'histoire et les monnaies de nos ancêtres les Gaulois.

Comment, avant d'admettre pour la première fois le coq prétendu gaulois sur nos monnaies, n'avoir pas eu recours, sur ce point his-

---

(1) Il fut procédé par voie d'Ordonnances puis d'Instructions ministérielles dès les premiers jours de la Révolution de 1830.

« *Ordonnance du Lieutenant-général du Royaume sur l'uniforme et le drapeau de la garde nationale* des 9-10 août 1830. — Nous, Louis-Philippe d'Orléans, duc d'Orléans, Lieutenant-général du Royaume, avons ordonné et ordonnons ce qui suit : Les drapeaux et les boutons d'habit de la garde nationale porteront pour inscription les mots : *liberté, ordre public*, et le cimier des drapeaux sera le coq gaulois ». — Cette ordonnance est contresignée par un grand historien, homme de parti aussi, qui, ce jour-là, dans l'intérêt de sa cause triomphante et conformément sans doute au désir de celui qui allait être *Roi des Français*, a vraiment violenté l'Histoire. L'ordonnance est en effet contresignée : « Guizot, Commissaire provisoire au Ministère de l'Intérieur ».

« *Ordonnance du Roi qui détermine la dénomination et l'uniforme des corps de la gendarmerie...* des 8-17 septembre 1830. — Art. 2. Sur la plaque du baudrier et du ceinturon, ainsi que sur les boutons, l'écusson actuel sera remplacé par le coq gaulois, avec la légende « gendarmerie départementale, des ports et arsenaux, ou des colonies », et l'exergue *sûreté publique* ». — Cette ordonnance, en quatre articles, est contresignée : « Maréchal comte Gérard, Ministre secrétaire d'Etat au département de la guerre ».

torique, précis et déterminé, à la haute compétence d'une commission de l'Académie des Inscriptions et Belles-Lettres ?

Elle eût répondu, que jamais les Gaulois n'ont eu le coq pour emblème.

Nous soutenons tout d'abord que les Gaulois n'ont jamais eu et ne pouvaient avoir d'emblème national unique. Leur organisation politique en rendait l'existence impossible. L'alouette, malgré l'enseigne de la légion romaine *gallica*, ni le sanglier, le *sus gallicus* lui-même, bien qu'il ait surmonté des enseignes gauloises, n'ont été cet emblème unique et général.

Les Gaulois, même réduits à ceux de la Gaule celtique, ne formaient pas un peuple unique, mais un ensemble de peuples différents, juxtaposés, non confédérés, malgré des alliances partielles plus ou moins durables. Les *civitates Galliæ* des Commentaires de César ne sont pas des cités. Ce sont des États, des peuples, des nations (1), ayant leurs chefs distincts, leurs lois, et leurs symboles.

Chaque peuple de la Gaule avait les siens.

Cette division du pays a grandement servi l'invasion romaine, et tandis que certains chefs résistaient aux légions de César, d'autres, comme le chef picton Duratius, dont nous avons des monnaies, étaient ses alliés.

Cet état politique de la Gaule explique l'extrême variété des types des monnaies gauloises, et des symboles dont leurs revers portent surtout l'empreinte.

On y voit des guerriers, ordinairement debout, avec ou sans bouclier, armés de la lance ou portant une enseigne.

Il n'existe pas une seule monnaie gauloise connue, qui nous montre un coq sur ces enseignes ou sur ces boucliers.

On voit sur les monnaies gauloises beaucoup de chevaux, sous toutes les formes, galopant ou au pas, montés, attelés, en liberté, ailés, et même à tête d'homme ; des lions, des ours, des loups, des

---

(1) Voir les nombreuses autorités qui constatent cette vérité historique et tout ce qui s'y rattache, indiquées dans les *Institutions et la législation des Gaulois* par M. Joseph Lefort, lauréat de l'Académie des sciences morales et politiques (*Revue générale du Droit*, 1880, pp. 339 et 501, et 1881, p. 26).

cerfs, des sangliers ailés ou non, des taureaux, des béliers, et des chèvres.

Les oiseaux sont moins fréquents sur les monnaies gauloises que les quadrupèdes, si ce n'est l'aigle, que l'on y rencontre sous les aspects les plus variés : souvent seul, éployé ou au repos, parfois monté sur des chevaux, des lions ou des sangliers, d'autrefois déchirant un serpent, dévorant un poisson, avalant une alouette.

On trouve aussi, plus rarement, des alouettes seules (à Compiègne), des corbeaux, des cigognes, et des grues.

L'image la plus rare sur les monnaies gauloises est celle du coq, prétendu gaulois.

Les monuments de la statuaire antique sont en conformité avec ces données de la numismatique gauloise (1).

Avant 1840, on n'avait même jamais vu de coq sur les monnaies gauloises. C'est un fait admis par tous les numismatistes, et proclamé à la septième session du congrès scientifique tenu à cette époque. Alors un numismatiste éminent s'en expliquait ainsi : « Le coq « gaulois ne se rencontre jamais sur les médailles de la Gaule, et il

---

(1) Cette vérité n'est pas contredite par le bas-relief du *Musée des Antiquités nationales* de Saint-Germain-en-Laye, connu sous le nom de *La Stèle funéraire du soldat Léontius*. Le catalogue de M. Salomon Reinach, conservateur-adjoint, membre de l'Institut; 3e édition, page 41, porte : « no 2253 ; sol-« dat avec lance, bouclier et poignard, d'un style très barbare ; à côté de lui « est une enseigne surmontée d'un coq; Musée de Strasbourg » — Paris; 1898; Motteroz).

Le monument a été trouvé près de Strasbourg, et il existait, avant 1870, au Musée de cette ville. Il avait été moulé par le *Central Musœum* de Mayence, et c'est un exemplaire du moulage qui est au Musée de Saint-Germain. Il y est placé dans la salle XXII, consacrée aux *Légions romaines* (ancienne salle XX). Le soldat Léontius était signifer d'un corps auxiliaire.

Bien qu'il s'agisse d'un combattant dans une légion romaine, et non dans une armée gauloise, et qu'un monument unique n'eût pu détruire la règle, certaine différence existant en outre sur ce point entre un catalogue de M. Gabriel de Mortillet (Paris, 1869, in-8°) et celui de M. Salomon Reinach (1898), nous l'avons prié de vouloir bien nous fixer à cet égard. Le savant académicien nous a fait l'honneur de nous donner les renseignements qui viennent de nous permettre de préciser la provenance et la nature du monument, et il ajoute : « Le fait que l'enseigne est surmontée d'un coq n'a pas « d'importance, car on connaît aussi des enseignes d'auxiliaires surmontées « de béliers et de taureaux »; et encore : « il n'y a pas de trace du coq parmi « les animaux symboliques de la Gaule ».

Ainsi, comme il est rationnel, la statuaire et la numismatique sont entièrement d'accord sur ce point.

« est prodigieux, au xixᵉ siècle, que les descendants des Celtes aient
« donné une consécration politique à un symbole dont la valeur ne
« méritait pas même d'être discutée ».

Qui parlait donc ainsi? l'auteur de la *Numismatique de la Gaule Narbonnaise* et l'un des directeurs de la *Revue Numismatique*, M. de la Saussaie, qui devait devenir membre de l'Institut et recteur de l'Académie de Poitiers, où les hommes de ma génération ont su l'apprécier et l'aimer.

La numismatique gauloise s'est enrichie de découvertes considérables, depuis que M. de La Saussaye écrivait ces lignes. On a trouvé quelques coqs. Mais il n'en est pas un seul dont l'attribution corresponde aux territoires de la Gaule celtique, et l'affirmation de M. de La Saussaye, dont quelques unités n'auraient pas ébranlé les conclusions, est demeurée absolument vraie.

En 1844, M. Lambert, dans un *Essai sur la numismatique gauloise du Nord-Ouest de la Gaule*, s'exprime (page 70) de la manière suivante :

« M. de La Saussaye a plusieurs fois protesté, avec raison, con-
« tre l'opinion qui voudrait présenter comme un symbole national
« emprunté aux Celtes, le type du *coq gaulois*, auquel on s'efforce
« de donner une consécration politique. On sait que ce rapproche-
« ment ne repose que sur un misérable jeu de mots, fait à une épo-
« que bien postérieure. Cependant, quelle que soit la force de nos
« convictions quant à l'emploi général de ce type, nous sommes
« forcé de convenir qu'il existe au moins d'une manière exception-
« nelle, si l'on veut, sur des espèces de bronze trouvées dans les
« environs de Dieppe, sur le territoire des *Caleti*. »

M. Anatole de Barthélemy, dans son *Manuel de numismatique moderne*, dont la préface est datée du 20 octobre 1851, a écrit quelques lignes qui n'ont pas vieilli à un demi-siècle de distance.

Se référant à l'invention de 1830, et parlant du type monétaire de cette époque, il s'exprime ainsi (page 68) : « Enfin nous sommes
« bien heureux que l'on ne nous y ait pas mis le *coq gaulois*. Mieux
« vaut un type nul, qu'un assez mauvais jeu de mots qui n'a de sens

« historique qu'au xix° siècle, lorsque l'on imagina de donner à
« une grande nation pour symbole, un oiseau peu célèbre dans la
« mythologie, sous prétexte qu'il avait été le symbole des anciens
« Gaulois. Il est véritablement malheureux que les Gaulois, pour
« excuser leurs petit-fils, n'aient pas au moins porté un coq sur
« leurs enseignes. Les documents les plus positifs tendent à établir
« cependant que ce furent des Français qui imaginèrent le *coq gau-*
« *lois*, treize siècles après que la Gaule eut changé de nom ».

Nous verrons, dans un instant, que M. le Président de l'Académie des Inscriptions et Belles-lettres pour l'année 1900 a conservé ses convictions de 1850-1851.

En 1874, M. Eugène Hucher, auteur de *L'Art gaulois* ou *Les Gaulois d'après leurs médailles*, ne connaissait encore que trois monnaies gauloises, en cuivre, représentant un coq. Il les reproduit (2me partie, pages 42 à 44, nos 59, 60, et 61). Il les accompagne d'une longue série d'hypothèses nées de son imagination ; et donne une image étrangement embellie (nous avons eu soin de nous en assurer) de l'une d'elles, n° 60, appartenant au musée de Rouen. Quoi qu'il en soit, le savant angevin s'incline devant la vérité reconnue par tous ses confrères en numismatique.

« M. Lambert, dit-il, en publiant la première de ces médailles,
« avait relevé l'impossibilité, reconnue par tous les numismatistes,
« de voir un symbole national dans le coq, pris au sérieux seule-
« ment dans les temps modernes... »

Pour terminer ces citations, revenons, comme il est annoncé plus haut, à M. de Barthélémy. Dans le *Bulletin critique* (1) du 15 février 1898, avant l'adoption du nouveau type de nos monnaies d'or, le savant académicien s'exprime ainsi (page 98) :

« J'ai lu quelque part que, sur la pièce en or, on doit placer un
« coq en évidence. Peut-être devrait-on réfléchir encore. Le coq
« n'est pas le symbole de la France. C'est une idée malheureuse

---

(1) Publié par MM. A. Baudrillart, E. Beurlier, L. Duchesne, membre de l'Institut, L. Lescœur, H. Thédenat, membre de l'Institut; chez A. Fontemoing, éditeur, 4, rue Le Goff, Paris.

« conçue en 1830. Il est le symbole de la Vigilance, et c'est à ce
« titre que l'Assemblée nationale, le 15 avril 1791, l'admit sur les
« monnaies. *Gallus* signifie *coq*, je sais bien ; mais ce sont les Ro-
« mains, par ironie, qui ont commis ce calembour. Je crois qu'à
« Nuremberg on a fait des jetons sur lesquels le coq symbolise la
« France. Le *coq* n'a été que le signe de la Vigilance, en dehors des
« Romains et de l'esprit des Allemands. »

D'ailleurs, et en outre de l'autorité de ces citations, chacun de nous peut opérer par lui-même, pour asseoir ses convictions.

Prenons le *Catalogue* (1) et l'*Atlas* (2) *des Monnaies gauloises de la Bibliothèque nationale*, l'un du regretté Muret, et l'autre de M. de la Tour.

Cette admirable collection, que chacun peut visiter et étudier dans notre grand établissement de la rue de Richelieu, s'est considérablement accrue dans la seconde moitié du xixe siècle. En 1846, Duchalais, qui en dressait le catalogue d'alors, et l'appelait avec raison « la collection la plus belle et la plus riche en son genre
« qui soit au monde », n'y trouvait que 812 pièces.

En 1862, la donation au cabinet de France, de sa collection de monnaies gauloises, par le duc de Luynes, y ajoutait 1400 pièces.

En 1872, sur le rapport d'une commission des finances présidée par M. Vitet, ayant Beulé pour rapporteur, l'Assemblée nationale rendit le grand service, en outre du maintien du *Génie* de Dupré, d'ouvrir au budget un *crédit de 200,000 fr.* pour l'acquisition de l'admirable collection de monnaies gauloises de M. de Saulcy, qui avait repoussé des offres plus considérables venues de l'étranger. Elle ajoutait 8,000 pièces aux deux fonds antérieurs.

Le *Catalogue* de Muret contient 10,413 numéros.

Parmi ces 10,413 monnaies gauloises de la Bibliothèque natio-

---

(1) *Catalogue des monnaies gauloises de la Bibliothèque nationale*, rédigé par Ernest Muret, publié après sa mort, en 1889, par le Ministère de l'Instruction publique (Imprimerie nationale, grand in-4, xxvii et 347 pages).

(2) *Atlas des monnaies gauloises* préparé par la Commission de la topographie des Gaules, et publié sous les auspices du Ministère de l'Instruction publique, par M. Henri de la Tour, sous-bibliothécaire au département des médailles et antiques de la Bibliothèque nationale (Paris, 1892).

nale, sur lesquelles se trouvent toutes les représentations diverses plus haut signalées et d'autres encore, combien existe-t-il de pièces portant un coq?

Quatorze seulement, sur cette masse de 10,413 monnaies.

Le contraste de ces deux chiffres (14 sur 10,413) suffirait à lui seul pour faire justice de cet emblème, prétendu national, imposé à la France, sans discussion, ni de ses savants, ni de son Parlement.

Poursuivons. Ces pièces au coq sont mentionnées par les précieuses Tables dont M. Henri de la Tour a enrichi le Catalogue de Muret, après sa mort.

Dans la première de ces tables (*tabula rerum*) — la seconde est celle des légendes — peu après le mot *cheval*, qui absorbe à lui seul 15 colonnes de 57 lignes de texte chacune (pp. 270 à 275), nous trouvons l'article *coq*. Il n'est pas long. Il contient trois lignes, dont deux seulement concernent des monnaies gauloises. Huit de ces monnaies sont décrites aux n°s 7221 à 7228 du Catalogue (p. 166), et les deux autres, n°s 9310 et 9311, appartiennent aux Helvètes (p. 215).

En outre il faut se reporter dans cette même table au mot *Veromandui*, qui nous renvoie aux n°s 8581 à 8584, contenant quatre exemplaires d'une même monnaie de bronze, appartenant à cette peuplade gauloise.

Sauf pour les deux pièces des Helvètes, les douze autres, qui seules paraissent appartenir à notre territoire, sont toutes de cuivre. Il n'en est pas une seule d'or, d'argent, ni d'électrum. Et il s'agissait du symbole national des Gaulois ! La France de 1899 et de 1900 fait au coq autrement d'honneur. Elle lui a réservé sa monnaie d'or !

A quelle partie de la Gaule appartiennent ces douze pièces de cuivre ?

Pour celles du premier lot, sauf le n° 7224, pour sept sur huit, l'attribution est assez incertaine, tant ce monnayage est peu abondant et rare dans la numismatique gauloise. L'une de ces pièces a été trouvée à Corbie (dans la Somme), une à Lowarde (près de Douai), et d'autres près de Dieppe, ainsi que nous l'avons déjà dit avec MM. Lambert et Hucher. Aussi l'attribution préférée est celle aux Calètes, sur l'ancien territoire desquels se trouve la ville de Dieppe.

Pour le n° 7224 et la monnaie en quatre exemplaires des n°s 8581 à 8584, on voit au droit une tête entourée de grosses mèches de cheveux, reconnue pour être celle des monnaies des Véromandui. Elles sont par suite attribuées à la petite ville de Vermand, chef-lieu de canton du département de l'Aisne (arrondissement de Saint-Quentin).

Les deux pièces des Helvètes (n°s 9310 et 9311) sont, l'une en or, et l'autre en électrum. Le coq n'y est même pas le sujet principal du revers qui est un bige. Sous les pieds des chevaux, se trouve un petit serpent à tête de coq. Singulière place et forme étrange, pour un symbole national !

Voilà, en ce qui concerne le coq, tout ce que contient, en quantité et en importance infinitésimales, et seulement, vous le voyez, pour de bien faibles parties de l'ancienne Gaule, le monnayage gaulois, si abondant, si riche et si varié dans ses manifestations infinies.

Si nous suivons la division de la Gaule des *Commentaires* de César en trois parties, les Aquitains, les Celtes et les Belges, « différant entre eux par le langage, les mœurs, et les lois », les Celtes occupant le territoire situé entre la Garonne, la Seine, et la Marne, — il est acquis, en l'état de la science, qu'aucune monnaie gauloise portant un coq n'a été frappée, ni par les Aquitains, ni par les Celtes ; et le très petit nombre ci-dessus indiqué appartient à des Gaulois de la Gaule Belgique.

A un autre point de vue, si nous parlons de notre région, du monnayage, si connu de la Société des Antiquaires de l'Ouest, de nos ancêtres les Pictons, de celui des Andes, des Turons, des Santons, et de nos autres voisins, et de tout l'Ouest de la France, au Nord comme au Sud de la Loire, nous constatons qu'ils ne possèdent pas un seul exemplaire de monnaie gauloise portant un coq, sous une forme quelconque.

De même, il n'existe pas une seule unité correspondant au Centre, à l'Est jusqu'à nos frontières, et au Midi de la France.

Si le Nord est pourvu, vous venez de voir combien piteusement.

Il y a des peuples anciens qui ont mis beaucoup plus de coqs sur les monnaies, que ces rares peuplades gauloises, qui en ont mis si peu. On voit cet oiseau sur des monnaies de l'ancienne Grèce, monnaies à Mercure, à Minerve, à Apollon, à Esculape, au Dieu Lunus. On voit un ou plusieurs coqs sur celles des villes de Cales (ou Calenum), de Suessa et Teanum (en Campanie), d'Himéra en Sicile, de l'Ile d'Ithaque, et de Dardanus en Troade (1).

Le *Musée des Antiquités nationales* de Saint-Germain contient de nombreux monuments offrant un curieux mélange des types de la mythologie gauloise et de la mythologie romaine. Mercure y apparaît avec ses attributs ordinaires, le caducée, le coq, la bourse et le bouc, ou le coq avec le bouc, ou le coq seul (2). Bas-reliefs ou objets de céramique, ces monuments n'ont rien de contraire aux données si précises du monnayage gaulois.

Le coq a, en effet, occupé une place dans la mythologie gréco-romaine. C'est elle qui en a fait l'emblème de la Vigilance.

Ovide n'a-t-il pas conservé le souvenir, dans ses *Métamorphoses*, de celle d'Alectryon changé, par Mars, en coq, pour un défaut de vigilance qu'il ne put pardonner ?

Il est assez triste de se dire que le coq du revers de nos nouvelles pièces d'or, qui, par milliers, vont porter dans le monde cette forme de la richesse et du nom de la France, n'a pas d'assises scientifiques plus sérieuses que le coq de la fable antique.

Sans doute cela n'empêchera personne de faire au précieux métal un accueil empressé.

---

(1) *Catalogue des médailles des rois et villes de l'ancienne Grèce*, par Rollin et Feuardent (1864), n°ˢ 439 à 442, 580 à 582, 591, 592, 1607 à 1609, 4910 et 4911.

(2) *Antiquités nationales; Description raisonnée du Musée de Saint-Germain-en-Laye;* in-8°; tome II; Bronzes figurés de la Gaule romaine; par Salomon Reinach, de l'Institut; pages 68, 70, 83, 315. — *Catalogue sommaire* du même musée par le même, 3ᵉ édition (1898), pp. 28, 33, 35, 124, 125. — Voir aussi du même, *Répertoire de la Statuaire grecque et romaine*, t. II, p. 774.

Mais un type bien choisi n'y aurait pas nui. Tel notre type de 1791, si sympathique, à l'épreuve du temps, consacré par l'opinion publique, réserve précieuse d'un avenir que nous voudrions prochain, et que l'éminent artiste eût encore embelli, avec ou sans ses accessoires.

Etait-ce donc une tâche indigne d'un maître?

Certes préférable à la création d'un type condamné à des critiques fondées, qui dureront autant que lui, et, comme la science immortelle, plus que lui.

On a seulement reproché au type qui décorait nos pièces de 20 francs au commencement de l'année 1899, d'avoir plus d'un siècle d'existence.

Il n'était pas déprécié pour cela.

Les dates correspondantes à la grande Assemblée de 1789 vieillissent peu.

Dans tous les cas, le type monétaire choisi par elle, avec toutes les garanties des temps de liberté, et repris en 1871, ne devait disparaître que devant un type nouveau qui n'eût pas mis la fable à la place du Génie de la France.

(*Extrait* DES BULLETINS DE LA SOCIÉTÉ DES ANTIQUAIRES DE L'OUEST. — *Siège de la Société à Poitiers, rue des Grandes-Écoles.* — 2ᵐᵉ *série, tome XX, Bulletin du* 4ᵉ *trimestre de 1899 publié en mars 1900).*

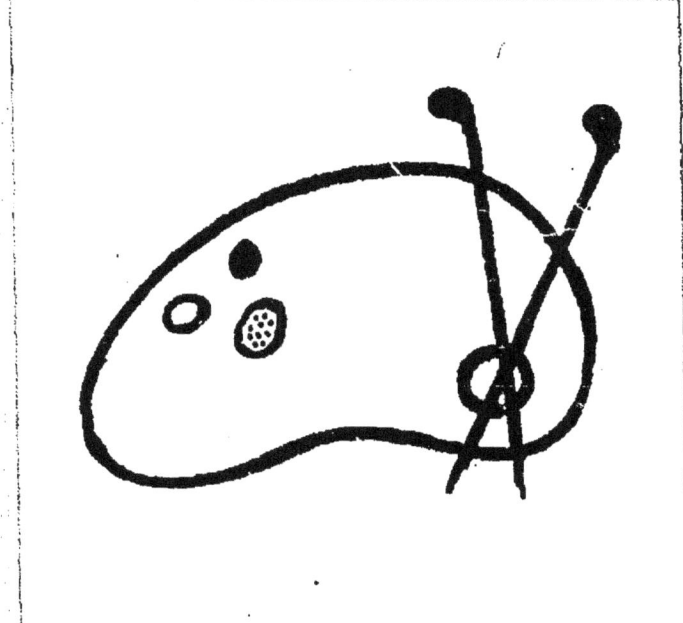

Original en couleur

NF Z 43-120-8

www.ingramcontent.com/pod-product-compliance
Lightning Source LLC
Chambersburg PA
CBHW060603050426
42451CB00011B/2057